MOMIAS DE EGIPTO

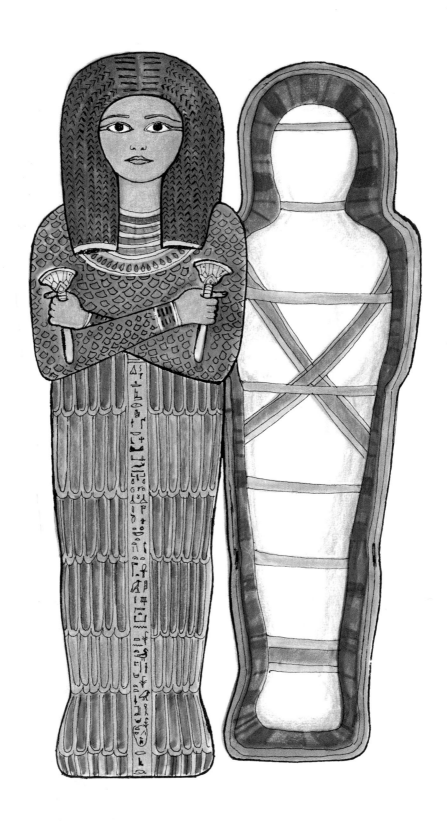

MOMIAS
DE EGIPTO

Texto e ilustraciones de

ALIKI

EDITORIAL JUVENTUD   BARCELONA

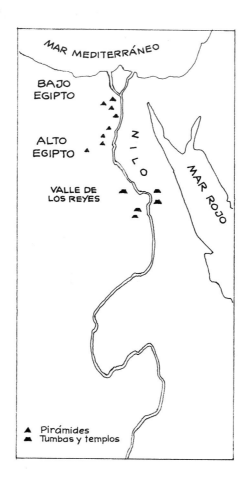

El ANTIGUO EGIPTO era un país largo y estrecho,
dividido en su mitad por el río Nilo. Los alimentos procedían
de las fértiles orillas del gran río. Más allá, todo era desierto.
Era allí donde los antiguos egipcios enterraban a sus muertos.

Publicado con autorización de Harper Collins Publishers Inc. © 1979 Aliki Brandenberg. Todos los derechos reservados.
© de la traducción española: EDITORIAL JUVENTUD, S. A., Provença, 101 - 08029 Barcelona.
info@editorialjuventud.es   www.editorialjuventud.es Traducción de Herminia Dauer. Quinta edición, 2004.
Depósito legal: B.6.908-2004 - ISBN 84-261-2694-4. Núm. de edición de E. J.: 10.430
Impreso en España - Printed in Spain. Ediprint, Llobregat, 36 - 08291 Ripollet (Barcelona)

A BARBARA FENTON

Mi especial agradecimiento a Franz, Jason y Alexa por su asesoramiento y su paciencia, así como al doctor Robert S. Bianchi, profesor adjunto de Arte Egipcio en la Universidad de Nueva York, por su generosa ayuda.

Algunos de los dioses y diosas de los muertos:

THOTH
Dios de los escribas, de cabeza de ibis, patrono de todo el saber

HORUS
Dios de los cielos, hijo de Osiris

UDJAT
Ojo mágico de Horus, protector de los muertos

ANUBIS
Dios de los embalsamadores, con cabeza de chacal

GEB
Dios de la Tierra

HATHOR
Diosa de la ciudad de Dendera

ISIS
Esposa de Osiris y madre de Horus

NEFTYS
Hermana de Isis

TEFNUT
Diosa de la Humedad

SHU
Dios del Aire

RE-HORAKHTY
Horus de los Dos Horizontes

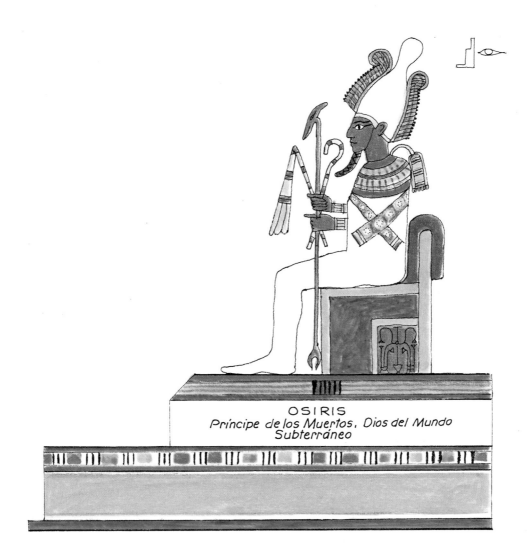

OSIRIS
Príncipe de los Muertos, Dios del Mundo Subterráneo

Los antiguos egipcios tenían un gran deseo: el de vivir eternamente. Creían que, después de la muerte, comenzaba una nueva vida, que en sus tumbas vivirían como lo habían hecho en la tierra, y que también viajarían a otro mundo para vivir allí con los dioses y las diosas de los muertos.

Creían los egipcios que cada cual tenía un *ba,* o alma,
y un *ka,* gemelo invisible de la persona.

El ba estaba representado como un pájaro con cabeza humana.

La persona muerta y su Ka.

Según sus creencias, cuando moría una persona *ba* y *ka*
abandonaban el cuerpo del muerto y vivían en
la tumba.
El *ba* mantenía contacto con los familiares y amigos
vivos del muerto.
El *ka* iba y venía entre el cuerpo y el otro mundo.

Para que una persona pudiese vivir para siempre, el cuerpo tenía
que ser reconocible para el *ba* y el *ka,* ya que de otro modo no
podrían volver a él.
Por ese motivo el cuerpo había de ser conservado o momificado.

El ba regresaba de noche a la momia.

Creían los egipcios que los muertos viajaban al otro mundo en barca.

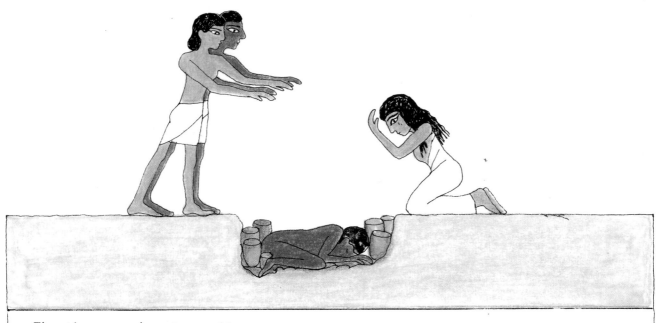

El cadáver era enterrado encogido.
Junto a él enterraban también jarras de comida y bebida, para su utilización en la nueva vida.

Una momia es un cadáver secado de tal forma que no se descomponga.

Los primeros egipcios eran momificados de modo natural.

El cadáver era enterrado en el suelo.

La seca y caliente arena de Egipto se encargaba de secar el cuerpo.

El cuerpo así conservado se volvía duro como la piedra, igual que un fósil.

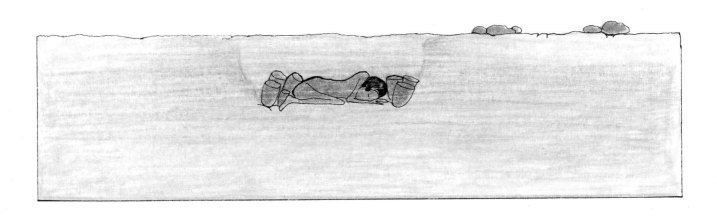

Con el paso del tiempo, los enterramientos se hicieron más
   complicados.

Los muertos eran envueltos en un sudario de tela o piel.

Se les enterraba en fosas forradas de madera o piedra, o bien en cuevas.

Pero los cuerpos no sepultados directamente en la arena
   quedaban expuestos a la humedad, al aire y a las bacterias, con
   lo que se descomponían.

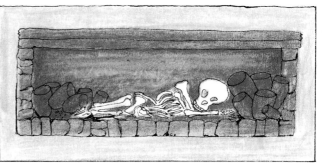

Así fue como la gente aprendió a embalsamar o momificar a sus
   muertos. Necesitaron siglos de práctica para perfeccionar su arte.
   Finalmente, los embalsamadores adquirieron tal experiencia que
   las momias se conservaron durante miles de años.

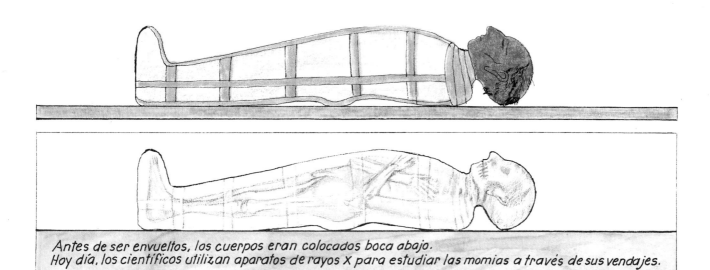

Antes de ser envueltos, los cuerpos eran colocados boca abajo.
Hoy día, los científicos utilizan aparatos de rayos X para estudiar las momias a través de sus vendajes.

La momificación era un proceso largo, complicado y costoso.

Los cadáveres eran embalsamados y enterrados según sus posibilidades.

La gente pobre tenía que elegir entierros modestos.

Los nobles, y quienes servían al rey y a la reina, eran sepultados de manera más complicada.

Los faraones, reyes de Egipto, eran los más ricos.

Era creencia general, además, que un faraón se convertía en dios cuando moría.

En consecuencia, la momificación de los faraones era la más elaborada, y los entierros se efectuaban de manera fastuosa.

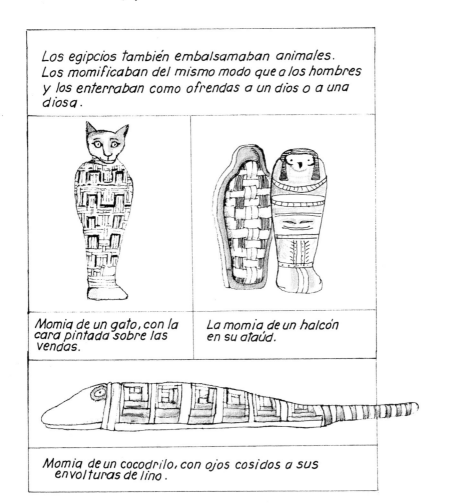

Los egipcios también embalsamaban animales. Los momificaban del mismo modo que a los hombres y los enterraban como ofrendas a un dios o a una diosa.

Momia de un gato, con la cara pintada sobre las vendas.

La momia de un halcón en su ataúd.

Momia de un cocodrilo, con ojos cosidos a sus envolturas de lino.

El embalsamamiento de un cuerpo duraba setenta días. Si se trataba de un miembro de la familia real o de un noble, los embalsamadores trabajaban en un obrador próximo a la tumba donde la momia había de ser enterrada.

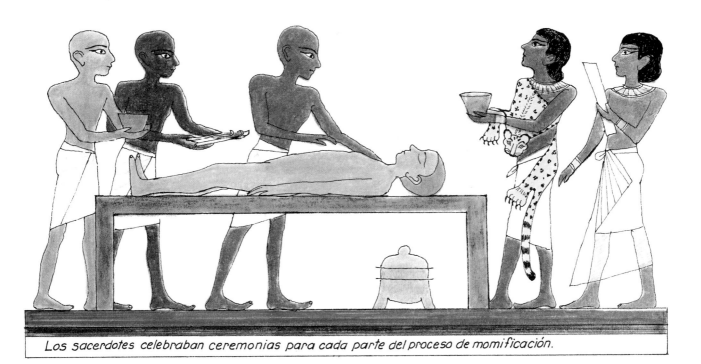

Los sacerdotes celebraban ceremonias para cada parte del proceso de momificación.

Unos ayudantes suministraban lo necesario a los embalsamadores.

Primero, los embalsamadores extraían los órganos internos.

El cerebro era sacado por las ventanillas de la nariz con ayuda de unos ganchos metálicos.

Seguidamente, los encargados del embalsamamiento efectuaban una incisión en el lado izquierdo del cuerpo, y por ella extraían el hígado, los pulmones, el estómago y los intestinos.

Cada uno de estos órganos era embalsamado mediante una substancia química, el natrón, e introducido en un vaso aparte, llamado canope. El corazón, en cambio, era dejado en su sitio.

En épocas posteriores, el corazón también se extirpaba y embalsamaba, y en su lugar colocaban un escarabeo de piedra.

Pequeños sacos de natrón envueltos en lino eran metidos en el cuerpo.

Asimismo cubrían de natrón la parte exterior del cadáver.

Esta substancia química resecaba el cuerpo del mismo modo que antes lo había hecho la arena.

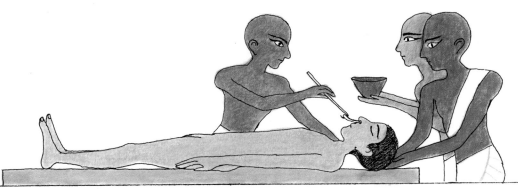

El cerebro era extirpado y, probablemente, desechado.

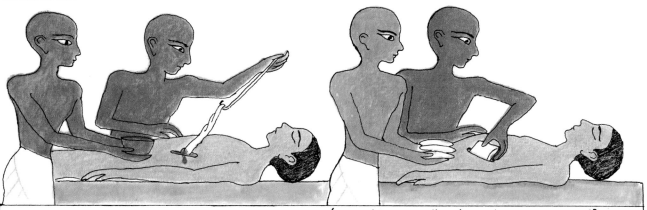

Seguía la extracción de los órganos.

La cavidad se rellenaba entonces con pequeños envoltorios de natrón.

El cadáver era colocado sobre una mesa inclinada que tenía una ranura en su parte inferior, y cubierto totalmente de natrón, una granulosa substancia química que aparecía depositada en el fondo del Nilo.
Los líquidos del cuerpo caían gota a gota en un recipiente mientras el cuerpo se secaba.

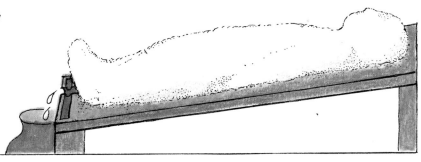

Los canopes y los dioses que los protegían:

HAPY	DUAMUTEF	IMSETY	QEBHSENUEF
Los pulmones	El estómago	El hígado	Los intestinos

Los órganos internos eran momificados aparte del cuerpo.
Cada órgano era envuelto en vendas de lino y cubierto por una mascarilla del dios que lo protegía.
A continuación, cada órgano momificado era introducido en su propio canope.
También la tapa del vaso llevaba la imagen del dios.

La incisión precisa para el embalsamamiento era cubierta con una placa que llevaba el protector Ojo de Horus.

Al cabo de cuarenta días eran retirados del cadáver los pequeños envoltorios de natrón.

El cuerpo, seco y hundido, era lavado con esponjas y untado luego con aceites, ungüentos, especias y resina.

Tanto la cabeza como el cuerpo se rellenaban de nuevo con paños empapados en las mismas substancias.

Las cuencas de los ojos eran llenadas de lino, y los embalsamadores cerraban después los párpados del muerto.

Para obturar las ventanillas de la nariz utilizaban cera de abejas.

Cruzados los brazos de la momia, sus uñas de las manos y de los pies eran cubiertas con pequeñas láminas de oro.

Se procedía luego a coser el corte necesario para el embalsamamiento.

La momia era adornada con alhajas de oro y piedras preciosas.

El siguiente paso consistía en envolver cuidadosamente el cuerpo en largas y estrechas tiras de lino.

Cada dedo de los pies y de las manos, los brazos y las piernas eran vendados por separado.

Entre las capas de vendas colocaban sudarios de lino, y cada tres o cuatro capas eran pegadas con resina.

Después de aplicadas veinte capas de sudarios y vendas, la momia recuperaba su tamaño normal.

Durante el largo proceso de la momificación, era posible que alguna parte del cadáver —por ejemplo, una oreja o un dedo del pie— se desprendiera. Esto y todo el material sobrante del embalsamamiento era introducido en unos recipientes y enterrado cerca de la tumba.

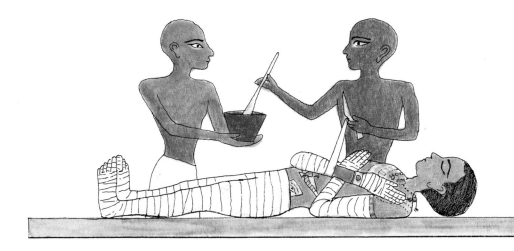

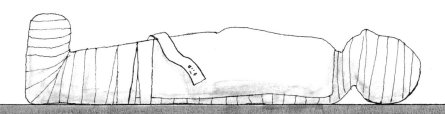

Una capa de vendas era cubierta con un sudario. Encima iba otra capa de vendas, un nuevo sudario, etc., hasta sumar veinte capas. En las vendas se escribía el nombre de la persona muerta.

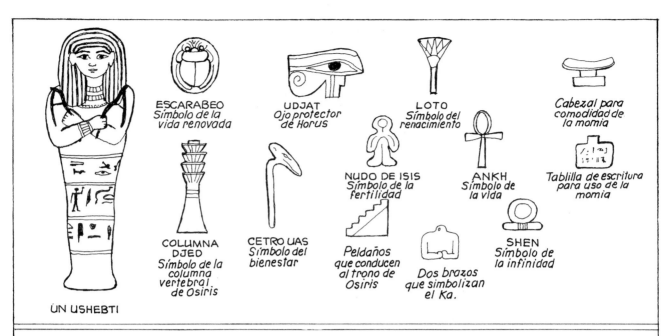

ESCARABEO
Símbolo de la vida renovada

UDJAT
Ojo protector de Horus

LOTO
Símbolo del renacimiento

Cabezal para comodidad de la momia

NUDO DE ISIS
Símbolo de la fertilidad

ANKH
Símbolo de la vida

Tablilla de escritura para uso de la momia

COLUMNA DJED
Símbolo de la columna vertebral de Osiris

CETRO UAS
Símbolo del bienestar

Peldaños que conducen al trono de Osiris

Dos brazos que simbolizan el Ka.

SHEN
Símbolo de la infinidad

UN USHEBTI

Varios de los numerosos amuletos encontrados en las momias.
En ocasiones, centenares de ushebti eran enterrados con la momia.

Los antiguos egipcios introducían amuletos mágicos entre las envolturas de la momia.

Las pequeñas figuras momiformes llamadas *ushebti* contenían aperos de labranza.

Se suponía que los *ushebti* trabajarían los campos del otro mundo para la momia.

La vendada cabeza era cubierta con una máscara que reproducía sus facciones.

Si algo le sucedía a la momia, el *ba* y el *ka* podrían reconocerla.

También la máscara era vendada.

A continuación, todo era envuelto en un sudario, al que los embalsamadores daban una última capa de resina.

La momia estaba terminada.

Muchas máscaras funerarias estaban hechas de cartón piedra, un material compuesto de lino y yeso.
Eran moldeadas y pintadas. En algunos casos, las máscaras se hacían de oro, con incrustación de
piedras preciosas. También era frecuente que llevasen la barba trenzada de Osiris.

Con la momia enterraban una colección de encantamientos, conocida como El Libro de los Muertos.
Esos encantamientos, escritos e ilustrados en rollos de papiro, tenían como objeto ayudar a la
momia a encontrar la vida eterna.

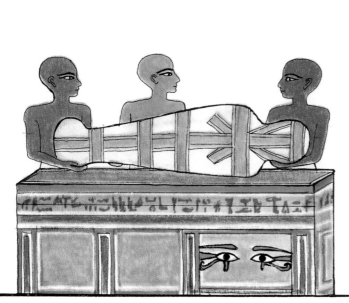

Durante cierto período de tiempo, las momias eran enterradas de lado, de modo que pudiesen mirar a través de los ojos pintados en el ataúd de madera.

Más adelante, las momias fueron enterradas en ataúdes momiformes de madera o yeso y pintados.

Mientras el cuerpo era momificado, habilidosos artistas, escultores y carpinteros preparaban el entierro. Confeccionaban el ataúd o el conjunto de ataúdes para la momia. Estos ataúdes eran decorados por dentro y por fuera con imágenes de dioses y diosas, así como con hechizos protectores.

Los carpinteros preparan un ataúd momiforme.

CONJUNTO DE TRES ATAÚDES MOMIFORMES

La momia era introducida en el ataúd interior, que era cerrado y colocado en un segundo ataúd que, una vez, cubierto también, encajaba perfectamente en el ataúd exterior. Cerrado éste, el conjunto de ataúdes era situado en un sarcófago de piedra.

Los ataúdes estaban cubiertos de poderosos encantamientos en forma de jeroglíficos, la forma de escritura utilizada por los antiguos egipcios.

Los artífices realizaban joyas para la momia y muebles que serían
enterrados en la tumba.

Asimismo esculpían estatuas de la persona difunta, para
colocarlas en la misma tumba. Debían servir como lugares de
reposo para el *ba* y el *ka*, en el caso de que algo le sucediese a
la momia.

Para acoger el ataúd se preparaba un espléndido sarcófago de
piedra.

En las paredes de las tumbas reales esculpían y pintaban escenas
     que adquirirían mágica vida.

Las escenas representaban la nueva vida de la persona en el otro
     mundo.

Bailarinas y músicos la entretenían.

Los siervos trabajaban en los campos y le proporcionaban los
     alimentos.

Los dioses y las diosas de los muertos le daban la bienvenida.

La tumba había dejado de ser un simple pozo.

Ahora era una casa en la que habían de poder residir para siempre la momia, el *ba* y el *ka*.

Asimismo, una tumba real era una fortaleza destinada a impedir que los ladrones robaran la momia y sus tesoros.

Para los egipcios, las tumbas tenían más importancia que sus casas.

Quien podía, se la mandaba construir en vida.

Durante siglos, los muertos fueron enterrados normalmente en unas tumbas llamadas mastabas.

Estas mastabas eran de ladrillo y piedra.

Las mastabas reales tenían muchas cámaras destinadas a almacén y estaban bellamente decoradas.

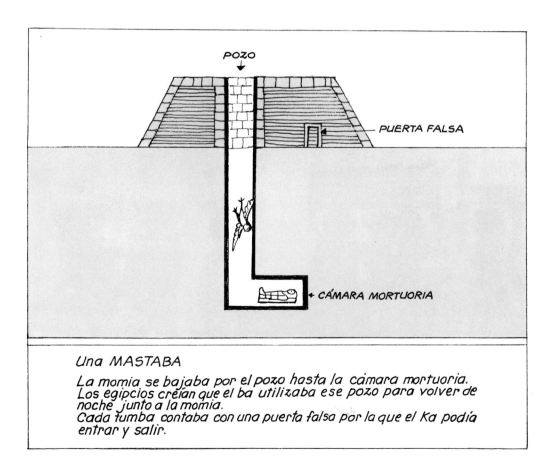

POZO

PUERTA FALSA

← CÁMARA MORTUORIA

Una MASTABA

La momia se bajaba por el pozo hasta la cámara mortuoria.
Los egipcios creían que el ba utilizaba ese pozo para volver de noche junto a la momia.
Cada tumba contaba con una puerta falsa por la que el Ka podía entrar y salir.

Con el paso de los años, cada vez los faraones se llevaron consigo
más cosas a la tumba.
En consecuencia, las tumbas fueron de mayores dimensiones, más
sólidas y mejor decoradas.
Durante largos siglos, los faraones se hicieron construir pirámides.
Son éstas unos enormes monumentos de piedra en cuya
edificación emplearon toda su vida centenares de obreros.

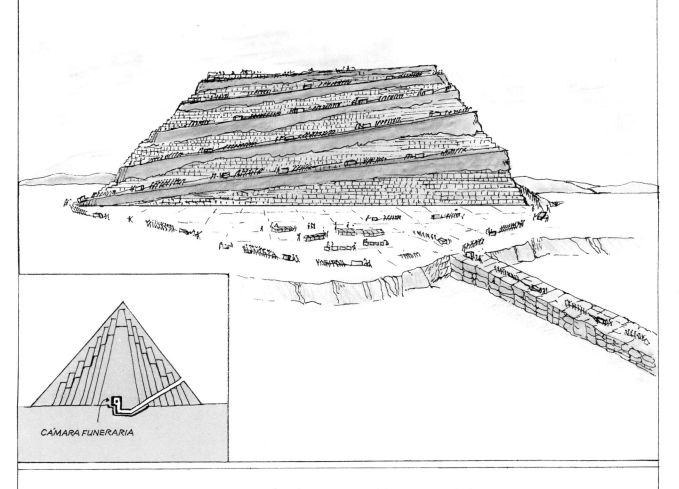

CÁMARA FUNERARIA

Grupos de obreros cortaban y subían los grandes bloques de piedra por unas rampas de adobe, empezando por cada esquina de la pirámide. A medida que la pirámide crecía, agregaban una nueva rampa. Para construir una gran pirámide eran necesarios dos millones de bloques.

Las tumbas eran erigidas en el desierto, donde la tierra no podía ser cultivada.
En ocasiones, el cortejo fúnebre conducía a la momia en barca Nilo arriba.
La barca en que había viajado la momia era enterrada en las proximidades de
la tumba, para que la momia pudiera utilizarla en su nueva vida.

La pirámide cubría la cámara funeraria del faraón. Cerca había templos, cámaras que servían de depósitos y mastabas donde la familia real y sus sirvientes serían enterrados.

En épocas posteriores, los faraones fueron sepultados en secretas tumbas subterráneas situadas en un desértico lugar conocido como el Valle de los Reyes. Los túneles y los pasadizos, las cámaras y la propia tumba se hallaban en las profundidades de la roca, todo bien oculto.

Su interior había sido magníficamente esculpido y pintado.

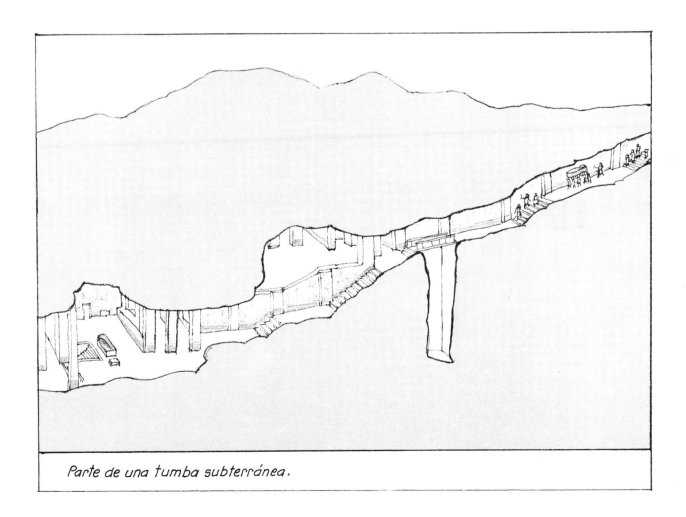

Parte de una tumba subterránea.

Un sacerdote vestido de dios Anubis sostenía la momia durante la ceremonia.

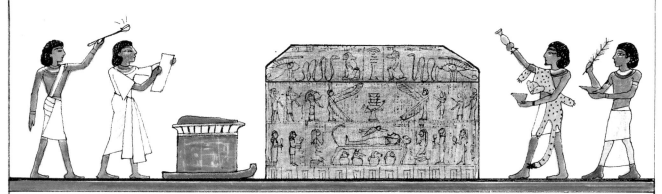

El sarcófago era cerrado.

Los acompañantes dejaban la tumba para celebrar un banquete funerario. La comida sobrante era enterrada junto a la tumba. A continuación, los sacerdotes y la familia iban a orar al templo y llevaban consigo ofrendas de manjares para el ka de la momia.

Las mujeres lloraban y se echaban polvo sobre la cabeza.

Llegada la procesión funeraria a la tumba, los sacerdotes llevaban
a cabo la ceremonia final del ritual, consistente en la «Apertura
de la Boca».

En realidad no se trataba de abrir la boca de la momia, sino de
proporcionar a ésta la posibilidad mágica de volver a hablar y
comer.

Por último, la momia era depositada en el sarcófago, que luego
tapaban con una pesada losa de piedra.

Cerca del sarcófago quedaba el cofre que contenía los canopes,
protegidos éstos por sus propios dioses.

Retirado el acompañamiento, la entrada de la tumba se cerraba
con una pared de losas.

La momia se hallaba finalmente en el lugar de su eterno descanso
y podía iniciar su nueva vida.

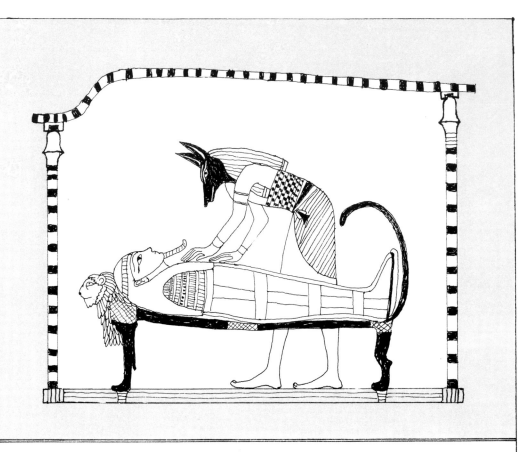

Se dice que el primer egipcio momificado fue Osiris, un rey legendario.

Embalsamado por Anubis, el dios chacal, Osiris se convirtió en un dios.

Fue elegido dios del mundo subterráneo y príncipe de los muertos.

Era a su reino adonde los muertos ansiaban ir.

Muchas de las ilustraciones de este libro han sido tomadas de pinturas y esculturas descubiertas en tumbas del Antiguo Egipto.